AF199129

Hubert K. Kölsch

Tannhäuser und der Sängerkrieg auf Wartburg

Richard Wagners Suche nach Erlösung

Bibliographische Information der Deutschen Bibliothek: Die Deutsche Bibliothek verzeichnet diese Publikation in der Deutschen Nationalbibliographie;

detaillierte bibliographische Daten sind im Internet über http//dnb.ddb.de abrufbar.

1. Auflage Copyright © 2019 Hubert K. Kölsch

www.hubert-koelsch.de

Titelfoto: © Michaela von Mengden

Herstellung und Verlag: BoD – Books on Demand, Norderstedt

ISBN: 9783749466283

„Deutschland ist seine Liebe u. die Einheit des politischen Lebens, wie des bürgerlichen u. künstlerischen, sein Traum."

Allwina Frommann über Richard Wagner

Die Welt verändert sich nur, wenn wir uns verändern.

Dieses Buch widme ich denjenigen, die sich verändern wollen.

Inhalt

Zum Geleit

Die Auseinandersetzung mit „Tannhäuser" führt uns in einen Grenzbereich des menschlichen Seins. Wir werden mit etwas konfrontiert, was nicht rational erklärbar ist: die Erlösung des Menschen.

Richard Wagner hat das Thema durch sein Werk genial zum Ausdruck gebracht, doch ist es schwierig, erklärend darüber zu schreiben. Allzu schnell setzt man sich dem Vorwurf der Religiosität oder Esoterik aus.

Gerade die Auseinandersetzung mit Ereignissen jenseits der fassbaren und erklärbaren Welt ist das Faszinierende am Werk Richard Wagners. Was in „Tristan und Isolde" und im „Parsifal" geschieht, ist jenseits der menschlichen Verstandesgrenzen.

Doch der Unterschied zu „Tannhäuser" ist, dass es in dieser Oper einen starken Bezug zum Thema Glauben, Religion, katholischer Kirche und Mutter Maria gibt.

Vier Jahre nach der Uraufführung des „Tannhäuser"
schreibt Richard Wagner 1849 die Abhandlung „Die
Kunst und die Revolution."

Seine Ausführungen beendet er...

*So lasst uns denn den Altar der Zukunft, im Leben wie in der
lebendigen Kunst, den zwei erhabensten Lehrern der Menschheit
errichten:*

...und den Schlusssatz hebt er deutlich hervor:

*Jesus, der für die Menschheit litt, und Apollon, der
sie zu ihrer freudenvollen Würde erhob!*

„Tannhäuser" ist keine religiöse Oper, sondern ein
Werk über Liebe und Erlösung. Wenn es gelingt
diese Aspekte voneinander zu trennen, öffnen sich
neue Perspektiven.

München, 25. August 2019

Auf dem Weg zur Wartburg

Ein bedeutendes Kunstwerk wirkt auf den Menschen weit über die Zeit seiner Entstehung hinaus und ermöglicht unterschiedliche Deutungen und Interpretationen.

Die Oper „Tannhäuser" wird häufig von zwei Seiten betrachtet: Tannhäuser als Künstler, der seinen Entwicklungsweg sucht, und der Mensch im Spannungsfeld von Liebe und Lust.

In dieser Schrift möchte ich eine weitere Sichtweise vorstellen. „Tannhäuser" als die Geschichte einer Liebe zwischen zwei Menschen, die füreinander geschaffen sind und dennoch nicht den Weg zueinander finden.

Am Beginn der Oper ist diese Liebe nicht zerbrochen, aber entzweit. Tannhäuser hat sich in den Venusberg geflüchtet, doch Elisabeth weiß dies nicht und wartet auf der Wartburg auf seine Rückkehr. Als sich beide wieder begegnen, gelingt es Elisabeth die seelischen Verletzungen, die Tannhäuser ihr zugefügt hat, hinter sich zu lassen. Sie vergibt. Bald folgt jedoch eine noch schlimmere

Wendung: die öffentliche Demütigung Elisabeths, als sich Tannhäuser nach seiner Rückkehr im Sängerkrieg zur sinnlichen Liebe im Venusberg bekennt. Doch auch dies vermag die Liebe von Elisabeth zu Tannhäuser nicht zu zerstören.

Als Elisabeth erkennt, dass er auf seiner Pilgerfahrt nach Rom vom Papst keine Vergebung erhalten hat, wirft sie ihr eigenes Leben in die Waagschale, um bei Maria für seine Erlösung zu bitten.

Es ist die Liebe zweier Menschen, die sich trotz schlimmster Verletzungen nie aufgeben. Zwei Mal nennt der Minnesänger Wolfram den Namen „Elisabeth" in Tannhäusers Gegenwart und zwei Mal führt dies in der Seele Tannhäusers zu der entscheidenden Wendung.

Richard Wagner hat seinen Opern stets sehr klare und prägnante Titel gegeben. „Tannhäuser und der Sängerkrieg auf Wartburg" ist daher ungewöhnlich. Inhaltlich müsste die Oper „Sängerkrieg auf der Wartburg" heißen, denn dies ist das Ereignis, der Moment, in dem die Liebe zwischen Elisabeth und Tannhäuser die härteste Prüfung erfährt.

Insofern wäre der „logische" Titel der Oper „Tannhäuser, Elisabeth und der Sängerkrieg". Richard Wagner hat in seinem Titel sehr geschickt die Schlüsselbegriffe in einen Zusammenhang gebracht, denn auch der Ort der Handlung ist bedeutsam: Tannhäuser, Sängerkrieg, Wartburg und in allen drei Begriffen ist Elisabeth präsent ohne genannt zu werden.

Die Oper „Tannhäuser" beschreibt den Konflikt der Liebe zweier Menschen, die umeinander ringen, aber das Entscheidende, das notwendig wäre, um ihre Liebe zur Blüte zu bringen, noch nicht finden können. Dies macht die Oper zeitlos und aktuell.

„Tannhäuser und der Sängerkrieg auf Wartburg" ist keine Liebesgeschichte, es ist die Geschichte einer Liebe, die nach Erlösung strebt.

Das Zusammenspiel von Liebe und Erlösung hat Richard Wagner Zeit seines Lebens beschäftigt. Nach den frühen Werken „Die Feen" und „Das Liebesverbot" folgt „Rienzi - der letzte der Tribunen", eine große Oper, die durch den Roman von Edward George Bulwer-Lytton inspiriert ist.

Der Engländer Boulwer-Lytton war einer der populärsten Autoren seiner Zeit und Richard Wagner hat seine Werke mit großer Begeisterung auf Deutsch gelesen. Boulwer-Lytton hat sich vieler historischer Stoffe bedient und seine Werke tragen eine spirituelle Ausrichtung zu den Themen Einweihung und Erlösung in sich.

Nach dem Erfolg von „Rienzi" schreibt Richard Wagner „Der Fliegenden Holländer". Es scheint, als ob das Thema Erlösung plötzlich in sein Leben und Schaffen mit einer Urgewalt, die sich in den Stürmen der Musik des „Fliegenden Holländer" entlädt, hereingebrochen ist. Der Erlösungsgedanke hat ihn nie wieder losgelassen. Zwischen „Rienzi" und „Der Fliegende Holländer" hat eine tiefgreifende geistige Entwicklung und Veränderung in Richard Wagner stattgefunden. In „Der Fliegende Holländer" bricht das Thema aus ihm heraus, er kann das Neue noch nicht fassen, aber er will und wird es in seinem Werk ausdrücken.

Dann folgt „Tannhäuser". Hier nimmt das Thema Erlösung klarere Formen an. Erlösung braucht ein Ereignis oder eine Tat, die Erlösung notwendig macht. In „Der Fliegenden Holländer" sucht der „Holländer", ein auf den Weltmeeren umherirrender Kapitän eines Geisterschiffes, der nur alle sieben Jahre an Land gehen kann, nach Erlösung. Er weiß, wie sie ihm zuteilwerden kann, aber es ist nicht bekannt, von welcher Schuld er erlöst werden muss. Im „Fliegenden Holländer" gibt es in der Rolle des „Erik" nur einen schwachen Gegenspieler, der den Prozess zwischen Senta und Holländer zu beeinflussen versucht. Durch die Sinnlichkeit der Venus kann Richard Wagner im „Tannhäuser" einen Schritt weiter gehen und stellt Erlösung in Zusammenhang mit Verhalten, Gefühlen und Taten des Menschen.

Doch kann er die Frage nach dem Weg der Erlösung als Teil der individuellen Entwicklung des Menschen noch nicht beantworten. Elisabeth kann Tannhäuser auf der Erde nicht erlösen, es geht nur im Geistigen.

„Tannhäuser" ist revolutionär, denn die Oper zeigt, dass der Mensch nicht durch die Autorität weltlicher oder religiöser Institutionen erlöst werden kann.

„Tannhäuser" ist der Ausgangspunkt für die später konsequente musikalische und dramaturgische Umsetzung des Erlösungsgedankens im Werk Richard Wagners.

Dieses Buch gliedert sich in vier Teile. Es beginnt mit dem inhaltlichen Verlauf der Oper, dann folgen Überlegungen zu Richard Wagners Suche nach Erlösung und ein Essay. Den Abschluss bilden Gedanken über die Liebe zwischen Tannhäuser und Elisabeth

In „Tannhäuser" ist Richard Wagners zukünftiges geistiges Schaffen, seine Sehnsucht und seine Suche als Keim angelegt: Die Frage nach der Erlösung des Menschen durch Liebe.

Die Wartburg ist Ausgangspunkt seines geistigen, seelischen und künstlerischen Entwicklungsweges, der im „Parsifal" Erfüllung findet.

Der Handlungsverlauf der Oper

Ort der Handlung ist die Wartburg in Thüringen. Sie ist das geistige Zentrum der Oper, auch wenn nicht alle Szenen dort spielen. Der Venusberg ist der Hörselberg in unmittelbarer Nachbarschaft zur Wartburg.

Heinrich Tannhäuser ist Minnesänger und Teil einer Gemeinschaft, die ihr Zentrum auf der Wartburg, dem Sitz des Landgrafen Hermann, hat. Elisabeth hat eine seelische Verbindung zu Tannhäuser und liebt ihn.

Die Minnesänger tragen auf Sängerfesten ihre Lieder zu einer bestimmten Fragestellung vor und führen so einen geistigen Wettbewerb.

Bei einem dieser Wettgesänge gab es Streit zwischen Tannhäuser und den übrigen Minnesängern und Tannhäuser verließ die Wartburg.

Die Zurückgebliebenen wissen nicht, wohin er gegangen ist. Dies hat Elisabeth tief verletzt und seitdem bleibt sie den Sängerwettstreiten fern.

Die Minnesänger vertreten das Bild einer „hohen",
reinen, geistigen Liebe. Zwischen diesem Ideal und
der sinnlichen Lust ist Tannhäuser hin und
hergerissen. Seit seinem Weggang von der Wartburg
weilt er im Venusberg und genießt dort die erotisch-
sinnliche Liebe.

An dieser Stelle beginnt die Oper.

Das Vorspiel vereint die drei großen Themen der
Oper: Glaube, Liebe und Eros. Es beginnt mit dem
ruhigen Choral des Pilgerchors und steigert sich zu
einer fulminanten Liebesglut.

Der **erste Akt** beginnt mit glühender Leidenschaft
zwischen Venus und Tannhäuser im Venusberg.
Doch diesmal zeigt er sich emotional und geistig
abwesend.

Venus

Geliebter, sag, wo weilt dein Sinn?

Es scheint, als ob Tannhäuser in seinem
rauschhaften Erleben im Venusberg die Musik des
Vorspiels gehört hat.

Die Themen des Pilgerchors, der reinen Liebe, aber auch der Lust, bilden ein wildes Konglomerat an Gefühlen und Eindrücken in seiner Seele. Er ist aus seinem Liebesrausch erwacht und in ihm wächst der Drang nach Veränderung. Er spürt, dass eine Entwicklung notwendig ist, sonst wird er auf ewig im Venusberg versinken.

Tannhäuser erkennt den Preis für seine sinnliche Lust: Er ist aus seinem Leben gerissen und der Venusberg wird zum Gefängnis.

Nun entspinnt sich ein Ringen. Venus will Tannhäuser nicht freigeben und versucht ihn mit allen Mitteln der Verführung wieder in ihren Bann zu schlagen.

Tannhäuser
O schöne Göttin, wolle mir nicht zürnen!
Dein übergroßer Reiz ist's, den ich fliehe.
Venus
Weh dir! Verräter! Heuchler! Undankbarer!
Ich lass' dich nicht! Du darfst von mir nicht ziehn!

Venus möchte die reine Liebe der Minnesänger durch erotische Macht vernebeln und schwächen.

Tannhäuser sehnt sich nicht nach einer anderen Frau oder einer anderen Form von Liebe, sondern nach einem intensiven Naturempfinden.

Tannhäuser

denn nicht mehr sehe ich die Sonne,

nicht mehr des Himmels freundliche Gestirne;

den Halm seh' ich nicht mehr, der frisch ergrünend

den neuen Sommer bringt; die Nachtigall

nicht hör' ich mehr, die mir den Lenz verkünde.

Sie beschwört die Erinnerung an gemeinsame Liebeserlebnisse, doch er bleibt standhaft. Schließlich muss sie ihn frei geben, doch verflucht sie seinen Weg.

Venus

Kehr zurück, wenn der Tod selbst dich flieht,

wenn vor dir das Grab selbst sich schließt.

Tannhäuser

Den Tod, das Grab hier im Herzen ich trag,

durch Buß und Sühne wohl find ich Ruh für mich!

Venus

Nie ist Ruh dir beschieden, nie findest du Frieden!

Kehr wieder mir, suchst einst du dein Heil!

Belastet mit diesem Fluch und der Prophezeiung eines elenden Lebensendes braucht er jetzt eine geistige, religiöse Instanz. In höchster Not ruft er Maria an und hofft mit ihrer Hilfe dem Bann des Venusbergs zu entkommen.

Tannhäuser
Göttin der Wonn und Lust!
Nein! ach, nicht in dir find ich Frieden und Ruh!
Mein Heil liegt in Maria!

Nach dieser gewaltigen Eskalation leitet ein Zwischenspiel in eine ruhige, friedvolle Sphäre über. Der Venusberg ist verschwunden. Tannhäuser erwacht in einem *schönen Tale*. Er ist sich bewusst, dass er die Liebe Elisabeths durch seinen Aufenthalt im Venusberg entehrt hat und für ihn keine Rückkehr auf die Wartburg möglich ist.

Der Mai hat begonnen und dort erlebt er, wonach er sich gesehnt hat: Natur und Frieden. Von der Ferne hört man den Chor der älteren Pilger, die sich auf dem Weg nach Rom befinden. Tannhäuser erkennt, dass er nur durch ein Wunder dem Venusberg entkommen ist und versinkt ins Gebet.

Hörnerklang kündigt eine Jagdgesellschaft an und Landgraf Hermann erscheint in Begleitung der Minnesänger.

Sie finden Tannhäuser, doch nur Wolfram, der auf ihn zugeht, erkennt ihn. Der Landgraf und die Minnesänger freuen sich über seine Rückkehr und fragen, ob er als Freund kommt oder erneut Streit sucht.

Auf die Frage, wo er solange geweilt habe, verweigert Tannhäuser die Antwort. Landgraf Hermann und auch die anderen möchten ihn freudig wieder in den Kreis der Sänger aufnehmen, doch Tannhäuser lehnt ab. Da greift Wolfram ein und bittet ihn, für Elisabeth auf die Wartburg zurückzukehren.

Wolfram

Bleib bei Elisabeth!

Tannhäuser

Elisabeth! O Macht des Himmels,

rufst du den süßen Namen mir?

Der Name „Elisabeth" verändert für Tannhäuser alles und er beschließt, den Minnesängern zu folgen.

Tannhäuser

Zu ihr! Zu ihr! O, führet mich zu ihr!

Ha, jetzt erkenne ich sie wieder,

die schöne Welt, der ich entrückt!

Der **zweite Akt** beginnt mit der berühmten „Hallen-Arie" der Elisabeth. Sie hat erfahren, dass Tannhäuser wieder auf der Wartburg ist. Freudig kehrt sie an den Ort der Lieder und Feste zurück.

Elisabeth

Dich, teure Halle, grüß' ich wieder,

froh grüß' ich dich, geliebter Raum!

In dir erwachen seine Lieder,

und wecken mich aus düstrem Traum.

Wolfram ermöglicht die Gelegenheit, dass Elisabeth und Tannhäuser wieder zueinander finden. Beide sprechen von Liebe, doch ist Tannhäuser von der Erfahrung des Venusberges geprägt, während Elisabeth die reine Liebe meint.

Es beginnt das Sängerfest, das zur Feier von Tannhäusers Rückkehr ausgerichtet wird. Nach festlichem Einzug der Gäste stellt der Landgraf den Minnesängern die Aufgabe:

Der Landgraf

deshalb stell' ich die Frage jetzt an euch:

könnt ihr der Liebe Wesen mir ergründen?

Wolfram von Eschenbach beginnt. Er sieht die Liebe als so kostbar und verletzlich an, dass er den Weg der Entsagung wählt, weil nur dieser die Reinheit der Liebe nicht zu trüben vermag.

in Anbetung möcht' ich mich opfernd üben,
vergießen froh mein letztes Herzensblut. -
Ihr Edlen mögt in diesen Worten lesen,
wie ich erkenn' der Liebe reinstes Wesen!

Wolframs Lied hat den Standard des geistigen Wettstreites gesetzt und die folgenden Sänger werden sich dieser Geisteshaltung anschließen, nicht jedoch Tannhäuser.

Er entgegnet direkt und lehnt Entsagung ab, denn das Wesen der Liebe kann nur erkannt werden, wenn diese auch körperlich erlebt wird.

Nun greift *Walther von der Vogelweide* ein. Er folgt Wolframs Darstellung und weist Tannhäuser in die Schranken.

Legst du an seinen Quell die Lippen,

zu kühlen frevle Leidenschaft,

ja, wolltest du am Rand nur nippen,

wich' ewig ihm die Wunderkraft!

Tannhäuser zeigt sich davon wenig beeindruckt. Im Gegenteil, immer mehr beginnt das Feuer des Venusberges in ihm zu erglühen. Er provoziert Wolfram und beschreibt das Wesen der Liebe als sinnlichen Genuss.

Der Sänger *Biterolf* fordert Tannhäuser mit dem Schwert heraus. Bisher wurde die Reinheit der Liebe geistig verteidigt, jetzt droht der offene Kampf.

Für Frauenehr' und hohe Tugend

als Ritter kämpf' ich mit dem Schwert;

Tannhäuser ignoriert die Gefahr. Er kann keinen kühlen Kopf bewahren, denn die Erinnerung an die Lust im Venusberg ergreift von ihm Besitz.

Nur das Einschreiten des Landgrafen verhindert, dass Biterolf die Provokationen mit dem Schwert erwidert. Noch einmal tritt *Wolfram* hervor und mit kraftvoller Verteidigung der reinen Liebe versucht er die Gemüter zu beruhigen.

O Himmel, laß dich jetzt erflehen,

gib meinem Lied der Weihe Preis!

Gebannt laß mich die Sünde sehen

aus diesem edlen, reinen Kreis!

Doch der Versuch schlägt fehl, denn *Tannhäuser* treibt die Situation auf die Spitze. Öffentlich bekennt er, dass er im Venusberg war.

Wer dich mit Glut in seinen Arm geschlossen,

was Liebe ist, kennt er, nun er allein: -

Armsel'ge, die ihr Liebe nie genossen,

zieht hin, zieht in den Berg der Venus ein!

Empört verlassen die Frauen den Saal, die Ritter bedrohen Tannhäuser mit dem Tod.

In diesem Moment der Gefahr stellt sich *Elisabeth* schützend vor ihn.

Zurück von ihm! Nicht ihr seid seine Richter!

Grausame! Werft von euch das wilde Schwert

und gebt Gehör der reinen Jungfrau Wort

Vernehmt durch mich, was Gottes Wille ist! -

Wenn er getötet wird, hat er keine Möglichkeit mehr, sein Heil durch Buße zu erlangen.

Der Unglücksel'ge, den gefangen
ein furchtbar mächt'ger Zauber hält,
wie? sollt' er nie zum Heil gelangen
durch Reu' und Buß' in dieser Welt?

Doch der Landgraf und die Ritter drängen auf ein weltliches Gericht. Elisabeth tritt weiterhin für Tannhäuser ein. Ging es bisher um den Gegensatz zwischen reiner geistiger Liebe und sinnlich, körperlicher Lust, so spricht *Elisabeth* jetzt eine neue Dimension an, die Liebe des Erlösers.

Der Mut des Glaubens sei ihm neu gegeben,
daß auch für ihn einst der Erlöser litt!

Hier ist der Wendepunkt der Oper. Bisher war sie durch Handlung und Aktion der Protagonisten geprägt. An dieser Stelle tritt die Handlung in den Hintergrund. Ab jetzt werden innere, seelische Prozesse der Beteiligten geschildert. Dadurch erhält die Oper eine neue Intensität.

Erst jetzt erkennt *Tannhäuser* in Elisabeth, dass sie ihm von Gott gesandt wurde. Sie ist diejenige, die ihn von seiner Schuld erlösen und zum Heil führen kann. Diesen Menschen hat er zutiefst verletzt.

Zum Heil den Sündigen zu führen,

die Gott-Gesandte nahte mir:

doch, ach! sie frevelnd zu berühren

hob ich den Lästerblick zu ihr!

Diesen Moment hat Richard Wagner als entscheidend für das Verständnis der Oper bezeichnet.

Der Landgraf erlässt den Richtspruch: Tannhäuser entgeht dem Tod, aber er ist verstoßen. Tannhäuser soll sich den jüngeren Pilger nach Rom anschließen, um dort Vergebung zu erlangen.

Der **dritte Akt** beginnt. Es ist Herbst geworden. Elisabeth wartet auf die Rückkehr der Pilger. Wolfram findet sie im Tal zwischen Wartburg und Hörselberg im Gebet.

Wolfram

Wohl wußt' ich hier sie im Gebet zu finden,

wie ich so oft sie treffe, wenn ich einsam

aus wald'ger Höh' mich in das Tal verirre. -

Den Tod, den er ihr gab, im Herzen,

dahingestreckt in brünst'gen Schmerzen,

fleht für sein Heil sie Tag und Nacht.

Aus der Ferne kündigt der Gesang der älteren Pilger die Rückkehr aus Rom an.

Wolfram betet für Elisabeth, während sie in den Reihen der vorbeiziehenden Pilger nach Tannhäuser sucht.

Doch er ist nicht aus Rom zurückkehrt. Offenbar konnte er dort keine Gnade erlangen. Ihr ganzes Streben liegt in der Erlösung Tannhäusers, doch diese ist nun auf der irdischen Ebene nicht mehr möglich.

Elisabeth will durch die Kraft ihrer Liebe in das geistige Reich von Maria gelangen, was jedoch ihren physischen Tod bedeutet. Den Geliebten durch Liebe erlösen. Das ist ihr Streben.

Elisabeth
Doch, konnt' ich jeden Fehl nicht büßen,
so nimm dich gnädig meiner an,
daß ich mit demutsvollem Grüßen
als würd'ge Magd dir nahen kann:
um deiner Gnaden reichste Huld
nur anzuflehn für seine Schuld!

Richard Wagner hat größten Wert daraufgelegt, dass seine Regieanweisungen im „Tannhäuser" genau befolgt und ausgeführt werden. Er ging sogar soweit, dass nur Sänger mit besten schauspielerischen Qualitäten die Rollen von Tannhäuser und Elisabeth ausfüllen können.

Wolfram bietet Elisabeth seine Begleitung an. Sie lehnt ab, denn diesen Weg kann sie nur alleine gehen.

Sie verbleibt eine Zeitlang mit verklärtem Gesicht gen Himmel gewendet; als sie sich dann langsam erhebt, erblickt sie Wolfram, welcher sich genähert und sie mit inniger Rührung beobachtet hat. - Als er sie anreden zu wollen scheint, macht sie ihm eine Gebärde, dass er nicht sprechen möge.

Elisabeth drückt ihm abermals durch Gebärden aus, - sie danke ihm und seiner treuen Liebe aus vollem Herzen; ihr Weg führe sie aber gen Himmel, wo sie ein hohes Amt zu verrichten habe; er solle sie daher ungeleitet gehen lassen, ihr auch nicht folgen. - Sie geht langsam auf dem Bergwege, auf welchem sie noch lange in der Entfernung gesehen wird, der Wartburg zu.

Wolfram´s berühmtes „Lied an den Abendstern" erhält durch diese Entwicklung eine besondere Intensität. Einerseits ist es ein zärtlicher Abschied von dem Menschen, den Wolfram noch immer sehr liebt, gleichzeitig ist es ein Gebet, das Elisabeth auf ihrem Weg in die geistige Welt begleitet.

Wolfram

Wie Todesahnung Dämmrung deckt die Lande,

umhüllt das Tal mit schwärzlichem Gewande;

der Seele, die nach jenen Höhn verlangt,

vor ihrem Flug durch Nacht und Grausen bangt: -

da scheinest du, o lieblichster der Sterne,

dein sanftes Licht entsendest du der Ferne;

die nächt'ge Dämmrung teilt dein lieber Strahl,

und freundlich zeigst den Weg du aus dem Tal. -

O du, mein holder Abendstern,

wohl grüßt' ich immer dich so gern:

vom Herzen, das sie nie verriet,

grüß sie, wenn sie vorbei dir zieht,

wenn sie entschwebt dem Tal der Erden,

ein sel'ger Engel dort zu werden!

Es ist Nacht geworden. Ein einzelner Pilger, der dem Ton von Wolfram´s Harfe gefolgt ist, erscheint: Tannhäuser, der in Rom keine Absolution erhalten hat, ist auf dem Weg zurück zum Venusberg.

In der „Rom-Erzählung" berichtet er von seiner Pilgerfahrt. In Demut und Erkenntnis seiner Schuld hat er die Reise durch selbstgewählte Entbehrungen für sich so schwer wie möglich gemacht.

Tannhäuser

Wie neben mir der schwerstbedrückte Pilger

die Straße wallt', erschien mir allzuleicht: -

betrat sein Fuß den weichen Grund der Wiesen,

der nackten Sohle sucht' ich Dorn und Stein;

ließ Labung er am Quell den Mund genießen,

sog ich der Sonne heißes Glühen ein; -

wenn fromm zum Himmel er Gebete schickte,

vergoß mein Blut ich zu des Höchsten Preis; -

als das Hospiz die Wanderer erquickte,

die Glieder bettet' ich in Schnee und Eis: -

verschloßnen Aug's, ihr Wunder nicht zu schauen,

durchzog ich blind Italiens holde Auen: -

ich tat's, - denn in Zerknirschung wollt' ich büßen.

In Rom angekommen, wartete er wie die anderen Pilger, bis er vom Papst empfangen wurde, um Absolution zu erhalten. Doch der Papst verweigerte ihm den Segen.

Wie dieser Stab in meiner Hand

nie mehr sich schmückt mit frischem Grün,

kann aus der Hölle heißem Brand

Erlösung nimmer dir erblühn!

Tannhäuser weiß, dass es für ihn auf Erden keine Vergebung gibt. Die Prophezeiung der Venus aus dem ersten Akt erfüllt sich und so bleibt ihm nur die Rückkehr in den Venusberg. Wolfram erkennt, dass Tannhäuser trotz der Verweigerung der Absolution des Papstes nicht auf ewig verloren ist. Er weiß, dass Elisabeth nach einem Weg für Tannhäusers Erlösung sucht.

Nur wenn er in den Venusberg zurückkehrt ist er auf ewig verloren. Daher versucht Wolfram den Verzweifelten an der Rückkehr zu hindern. Jetzt erscheint Venus und will Tannhäuser wieder in ihren Bann ziehen.

Ab diesem Moment spielen sich bis zum Ende der Oper mehrere Handlungen gleichzeitig ab:

- Die „Irdische", realisiert durch die „Rom-Erzählung" und in der Auseinandersetzung zwischen Wolfram, Tannhäuser und Venus.

- Die „Geistige", symbolisiert durch das Gebet Elisabeths und ihrem Weg zu Maria.

Wolfram ist der einzige, der beide Handlungen wahrnehmen kann.

Wolfram
Ein Engel bat für dich auf Erden -
bald schwebt er segnend über dir:
Elisabeth!

Tannhäuser
Elisabeth!

Männergesang (aus dem Hintergrunde)
Der Seele Heil, die nun entflohn
dem Leib der frommen Dulderin!

Wolfram
Dein Engel fleht für dich an Gottes Thron, -
er wird erhört! Heinrich, du bist erlöst!

Erneut bewirkt der Name „Elisabeth" eine Wendung. Für einen kurzen Moment kann sich Tannhäuser aus den Fängen der Venus lösen. Erst im letzten Augenblick, als Wolfram erkennt, dass

Elisabeth die Erlösung erwirken konnte, muss Venus zurückweichen.

Die Ereignisse, die im Geistigen stattgefunden haben, zeigen jetzt ihre Wirkung im Irdischen. Ein Trauerzug, geleitet von den älteren Pilgern, bringt den Sarg der Elisabeth.

Von hier an betritt der Trauerzug die Tiefe des Tales, die älteren Pilger voran; den offenen Sarg mit der Leiche Elisabeths tragen Edle, der Landgraf und die Sänger geleiten ihn zur Seite, Grafen und Edle folgen.

Der *Chor der jüngeren Pilger* erscheint und berichtet, dass der Stab des Papstes mit frischem Grün geschmückt sei.

Es tat in nächtlich heil'ger Stund'
der Herr sich durch ein Wunder kund:
den dürren Stab in Priesters Hand
hat er geschmückt mit frischem Grün:
dem Sünder in der Hölle Brand
soll so Erlösung neu erblühn!

Tannhäuser stirbt, ohne zu wissen, dass ihm seine Schuld vergeben wurde.

Richard Wagner und die Suche nach Erlösung

Was hat Richard Wagner dazu bewogen, sich zeitlebens mit Erlösung auseinanderzusetzen?

Vieles ist über sein Leben aus unterschiedlichen Quellen bekannt, und er selbst hat sich in Briefen, Tagebüchern und Schriften ausführlich geäußert.

Allerdings war Richard Wagner oft in seinem Leben aus unterschiedlichen Gründen auf der Flucht: Schulden, Zahlungsunfähigkeit seiner Auftraggeber, die Beteiligung an der Revolution von 1848/49 in Dresden oder die Intrigen am Hof von Ludwig II. in München.

Dadurch ist manches verloren gegangen. Aber auch die folgenden Generationen haben Dokumente vernichtet.

Besonders intensiv hat Richard Wagner Einblicke in seine Seele gegeben, wenn es um Frauen in seinem Leben ging. Jedoch wissen wir wenig darüber, welche biographischen Ereignisse die Suche nach

Erlösung bereits in jungen Jahren ausgelöst haben und was ihn immer wieder vorangetrieben hat.

Als Richard Wagner seine Laufbahn als Künstler, Musiker, Komponist, Schriftsteller, kurz als Erfinder des Gesamtkunstwerkes, begann, spielte das Thema Erlösung noch keine Rolle. „Die Feen" oder „Das Liebesverbot" sind klassische Opernstoffe, eines Genres, das vor ihm und nach ihm bearbeitet wurde.

Erst in „Rienzi, der letzte der Tribunen" beginnt etwas Neues. Zum Thema Liebe kommt nun der Freiheitsgedanke. Mit diesem Werk ist er, trotz der Monumentalität, zum ersten Mal erfolgreich.

Dann folgen „Der fliegende Holländer" und „Tannhäuser" und es hätte in dieser Richtung weitergehen können, zumindest wenn es nach seiner Frau Minna gegangen wäre, die sich dadurch stabile Lebensverhältnisse erhoffte.

Bei allen Schwierigkeiten, die Minna und Richard miteinander hatten, so ist doch unbestritten, dass Minna stets versucht hat, ihrem Mann den Rücken freizuhalten. Sie hatte die, von ihm bewunderte Fähigkeit, mit geringsten finanziellen Mitteln,

Lebensbedingungen zu erschaffen, in denen er kreativ arbeiten konnte.

Doch Richard Wagner suchte das Neue. In seiner Biographie lassen sich immer wieder Ereignisse und Krisen erkennen, die seinem Leben und Werk neue Impulse gegeben haben:

- Die Überfahrt von Riga nach England
- Die Begegnung mit Wesendoncks
- Der Tag als der 19-jährige König Ludwig II. von Bayern in sein Leben trat
- seine Beziehung und Ehe mit Cosima von Bülow

1839 musste Richard Wagner in Riga seine Kapellmeisterstelle aufgeben und flüchten. Auf dem Weg nach England gerieten er und seine Familie in einen fruchtbaren Sturm.

Drei Wochen auf engstem Raum mit Ehefrau, deren Tochter und einem riesigen Hund (Neufundländer) sowie das Reisegepäck machten die Situation an Bord unerträglich.

Im „Mein Leben" schreibt er ausführlich über diese qualvollen Tage voller Ungewissheit.

Nicht die furchtbare Gewalt, mit welcher das Schiff auf und ab geschleudert wurde und gänzlich richtungslos dem bald als tiefsten Abgrund, bald als Berghöhe sich darstellenden Meerungetüm preisgegeben war, erweckte in mir das Todesgrauen, sondern was mich mit dem Gefühl der verhängnisvollen Entscheidung erfüllte, war die Mutlosigkeit der Mannschaft, unter welcher ich verzweiflungsvoll boshafte Blicke wahrnahm, mit denen wir von ihnen in abergläubischer Weise als die Ursache des drohenden Seeunglücks bezeichnet zu werden schienen.

Unwetter, schwere See und die Ungewissheit, je die rettenden Küste Englands zu erreichen, waren für alle eine existenzielle Erfahrung.

Dann komponierte er „Der Fliegende Holländer" und die Frage nach Erlösung war als Lebensthema in seiner Seele geboren. Im Jahr der Uraufführung feierte er seinen 30. Geburtstag.

Neben dem äußeren Erlebnis der stürmischen Überfahrt hat sich die Entwicklung bereits früher durch die Lektüre und geistige Auseinandersetzung mit den Schriften von E.T.A Hoffmann, Heinrich Heine und Edward Bulwer-Lytton angedeutet.

Im Februar 1852 lernte Richard Wagner das Ehepaar Wesendonck in Zürich kennen.

Die Voraussetzung dafür war die gescheiterte Revolution von 1848/49 in Dresden und seine Flucht, da er steckbrieflich gesucht wurde. Diese führte ihn zum ersten Mal an der Wartburg vorbei. Nach mehreren Stationen reiste er schließlich mit gefälschtem Pass in die Schweiz ein. Dort fand er für viele Jahre Exil.

Dagegen suchte eine in Zürich seit kurzem niedergelassene Familie Wesendonck meine Bekanntschaft. (…) Meine hierbei angeknüpfte Bekanntschaft mit Wesendoncks erschloss mir zunächst das freundliche Behagen eines Hauses, welches sich vor den sonstigen Züricher Hausständen vorteilhaft auszeichnete.

Aus dieser Begegnung entstand für Richard Wagner eine seiner wichtigsten Freundschaften, die heftigen Stürmen trotze und ein Leben lang andauerte.

In die Züricher Zeit fallen das „Karfreitagserlebnis", als er auf der Terrasse der Villa Wesendonck die Musik des „Parsifal" in seiner geistigen Vorstellung wahrnehmen konnte, und sein Weggang aus Zürich aufgrund des Zerwürfnisses, das sein Frau Minna mit Mathilde Wesendonck provozierte.

In der Wagner Literatur hält sich hartnäckig das Gerücht, Richard und Mathilde hätten eine Affäre gehabt. Dies lässt sich jedoch nicht schlüssig beweisen. Martha Schad schreibt in ihrem Buch über Richard Wagner und Mathilde Wesendonck zu der Auseinandersetzung mit Minna:

Nun war Mathilde auf äußerste gekränkt, denn sie hatte vor ihrem Ehemann keine Geheimnisse. Sie berichtet diesem auch sogleich von dem Vorgefallenen. Otto Wesendonck schrieb an Minna am 23. April 1858 und machte darin Wagner nur einen Vorwurf, nämlich, „von je es unterlassen zu haben, Dich [Minna] von der Reinheit dieser Beziehung zu belehren, so dass es Dir unmöglich gewesen sein würde, die betreffende Frau so zu beleidigen."

Aus diesen Entwicklungen wurde die Oper „Tristan und Isolde" geboren.

Doch auch nach der Trennung blieben die Wesendoncks in Richard Wagners Leben präsent, und als er mit ihnen Venedig besuchte und dort das Bild „Assunta" von Tizian sah, wurde ihm klar, dass er mit der Komposition der „Meistersinger von Nürnberg" beginnen musste.

Diesen Moment beschreibt er in seiner Autobiographie „Mein Leben":

„Bei aller Teilnahmslosigkeit meinerseits muss ich jedoch bekennen, dass Tizians Himmelfahrt der Maria im großen Dogensaale eine Wirkung von erhabenster Art auf mich ausübte, so dass ich seit dieser Empfängnis in mir meine alte Kraft fast wie urplötzlich wieder belebt fühlte. Ich beschloss die Ausführung der ,Meistersinger'.

Es ist eines der Geheimnisse seines Lebens, was die Betrachtung der Himmelfahrt Marias als Altarbild in seiner Seele auslöste, dass er sich entschloss, „Die Meistersinger von Nürnberg", die als Text bereits vollendet waren, musikalisch auszuführen. Das Gemälde hatte seit seiner Fertigstellung im Jahre 1518 verschiedene Ausstellungsorte und ist seit 1919 wieder in der Kirche „Santa Maria Gloriosa dei Frari" zu sehen. Es ist aber durchaus möglich, dass Richard Wagner das Bild im Dogenpalast gesehen hat.

Der „Meistersinger" Text war längst vollendet und er hatte ihn Mathilde Wesendonck übereignet. Er erbat ihn sich zurück und begann mit der Komposition.

Bereits während seiner Züricher Zeit beschäftigte ihn das Thema Parsifal, das Mathilde Wesendonck immer wieder an ihn herangetragen hatte. In seinem Brief vom 30. Mai 1859 aus Luzern an Mathilde lehnt er die Bearbeitung des Parsifal Themas noch ab.

Zu klar erkennt er die Schwierigkeit, dass Amfortas und Parsifal gleichberechtig dargestellt werden müssen. Er schreibt über den verwundeten Amfortas:

Wo ist Ende, wo ist Erlösung? Leiden der Menschheit in alle Ewigkeit fort! – Wollte er [Amfortas] im Wahnsinn der Verzweiflung sich gänzlich vom Gral abwenden, sein Auge vor ihm schließen? Er möchte es um sterben zu können. Aber – er selbst, er ward zum Hüter des Grals bestellt; und nicht eine blinde äußere Macht bestelle ihn dazu, - nein! Weil er so würdig war, weil keiner wie er tief und innig das Wunder des Grales erkannt, wie noch jetzt seine ganze Seele endlich immer wieder nach dem Anblicke drängt, der ihn in Anbetung vernichtet, himmlisches Heil mit ewiger Verdamnis gewährt!

Und so etwas soll ich noch ausführen? Und gar noch dazu Musik machen? – Bedanke mich schönstens! Das kann machen wer Lust hat; ich werde mir´s bestens vom Halse halten!

Diese Briefstelle zeigt, wie intensiv sich er mit dem Thema Erlösung beschäftigt hat, und seine Erkenntnis, wie schwierig es ist, die seelischen Prozesse zum Thema Erlösung in Text und Musik darzustellen. Das Leiden des Amfortas und die Entwicklung Parsifals müssen gleichwertig herausgearbeitet werden und er sieht noch keinen Weg, dies in einer Weise umsetzen zu können, die seinen Ansprüchen genügt. Im gleichen Brief schreibt er:

Und – solch eine Arbeit sollte ich mir noch vornehmen? Gott soll mich bewahren! Heute nehme ich Abschied von diesem unsinnigen Vorhaben; das mag Geibel machen und Liszt mag's componieren! – Wenn meine alte Freundin Brünnhilde in den Scheiterhaufen sprengt, stürz' ich mich mit hinein, und hoffe auf ein seliges Ende! Dabei bleib's! Amen!

Erst das dritte lebensverändernde Ereignis, die Begegnung mit seiner späteren Frau Cosima, führt ihn zu „Parsifal".

Die Verbindung mit Cosima reicht sehr weit zurück. Als Richard Wagner im August 1858 das „Asyl", ein Wohnhaus, das ihm Otto Wesendonck in unmittelbarer Nachbarschaft zu seiner Villa zur Verfügung gestellt hatten, verlassen musste, war Cosima mit ihrem damaligen Ehemann Hans von Bülow zu Besuch bei der Familie Wagner gewesen und am Tag vor Richard abgereist.

Am 16. August verließen mich auch Bülows, Hans in Tränen aufgelöst, Cosima düster schweigend.

Cosima hat die Unterstützung und Erhaltung des Werkes von Richard Wagner als ihre Lebensaufgabe bezeichnet. Es scheint, als ob sie sich dessen, während diesen Tagen im August in Zürich, bereits bewusst gewesen ist. 24 Jahre später berichtet sie von einem Gespräch mit Richard in ihren Tagebüchern, der sie gefragt hat:

Warum hast Du mir damals (1858) nicht gesagt: ‚Ich will mit niemandem als mit Dir leben‘, da hätte ich gewusst, was zu tun. Aber es ist mir in meinem Leben nie Liebe entgegengetragen worden, ich habe mich nicht getraut, ich war ganz wie Tristan.

Durch Cosima wird sein Leben einen inneren und äußeren Halt, eine menschliche und seelische Sicherheit, die für seine weitere Entwicklung dringend notwendig ist, bekommen.

In dieser Beziehung beginnt der Gralsgedanke, den er seit der Komposition des „Lohengrin" in sich trägt, eine neue geistige Qualität zu entfalten.

Aus dem Dreigestirn Cosima – Richard – Ludwig II. wird der „Parsifal" geboren. Als er 1864 von Ludwig II. nach München geholt wird, befindet sich Richard Wagner in einer aussichtslosen Lebenssituation. Nur ein Wunder könne ihm noch helfen.

Ludwig II. ist dieses Wunder in seinem Leben. Der junge König ist durch „Lohengrin" vom Gralsgedanken erfüllt und von ihm stammt die Initiative, Richard Wagner solle die Idee zur Oper „Parsifal" in einem Grundgerüst skizzieren.

Im gleichen Jahr als er nach München gerufen wird, findet ein Treffen zwischen Richard und Cosima auf dem Schloss des Königs am Starnberger See statt. Seitdem sind Cosima, Richard und Ludwig eine Schicksalsgemeinschaft. In ihrer Korrespondenz benutzten sie Parsifal für den König als Decknamen.

Mit diesen beiden Menschen gelingt es ihm die geistige Auseinandersetzung über Parsifal so führen, dass er sich dem Stoff künstlerisch gewachsen fühlt.

Richard hat seine Beziehung zu Cosima auch aus karmischen Gesichtspunkten verstanden. Am Vorabend seines Todes, schreibt sie in ihr Tagebuch:

Wie ich schon zu Bett liege, höre ich ihn viel und laut sprechen, ich steh auf und gehe in seine Stube: ‚Ich sprach von Dir', sagt er mir und umarmt mich lange und zärtlich: ‚Alle 5000 Jahre glückt es.'

Spätestens seit Richard Wagner in der Schweiz lebte und am „Ring des Nibelungen" arbeitete, wusste er, dass die Zukunft der Menschheit in der Erlösung durch den freien Menschen liegt.

Seine Oper „Die Walküre" und letztlich der gesamte „Ring des Nibelungen" handeln von dieser Suche:

Not tut ein Held,

der, ledig göttlichen Schutzes,

sich löse vom Göttergesetz

Aber auch in „Die Meistersinger von Nürnberg" wird dieser Prozess von Meisterschaft und Freiheit beschrieben. Es ist die geistige Fähigkeit für Erlösung im Sinne seelischer Entwicklung.

Der Dichter, der aus eig'nem Fleisse

zu Wort' und Reimen, die er erfand,

aus Tönen auch fügt eine neue Weise,

der wird als »Meistersinger« erkannt.

Im „Parsifal" führt er diese lebenslange Suche zusammen:

Das Wirken der geistigen Welt und der nach Erlösung strebenden Menschen werden zur Einheit.

Der geistige Entwicklungsweg des Menschen führt vom Tannhäuser zum Parsifal. Jeder Mensch kann ihn gehen, wenn er sich dafür entscheidet.

Richard Wagners lebenslange Suche nach Erlösung ist dieser geistige Weg.

Essay

Mit seinem „Tannhäuser" hat Richard Wagner zeitlebens gerungen. Das hat im Wesentlichen zwei Gründe. Einerseits stellte das Werk bereits damals die Grenze des Möglichen für Sänger und Orchester dar. Gleichzeitig hat er großes Augenmerk auf die darstellerische Leistung der Sänger gelegt, ja er ging sogar so weit zu sagen, dass die Oper ohne Sänger, die auch über herausragende schauspielerische Qualitäten verfügen, nicht verständlich sei. In der ihm eigenen Konsequenz hat er dann entscheidende Passagen lieber gestrichen, als sie entgegen seinen Vorstellungen aufführen zu lassen. Dies hat er in seiner Schrift *Über die Aufführung des ‚Tannhäuser'. Eine Mitteilung an die Dirigenten und Darsteller dieser Oper* ausführlich begründet.

Der zweite wichtige Grund für die Veränderungen liegt in Richard Wagners Hoffnung und Versuch, mit „Tannhäuser" in Paris einen Erfolg zu erzielen und Fuß fassen zu können. Das größte Problem war, dass in Paris eine Oper ohne herausragende Ballettsequenz – und zwar im zweiten Akt – nicht erfolgreich sein konnte. Die „Ballett Society" pflegte erst im zweiten Akt, nachdem sie ausführlich gespeist hatte, in die Oper zu kommen.

Ich glaube, dass ich mit nicht mindrer Beredsamkeit erwiderte, als ich alle diese Propositionen ablehnte; dass ich damit aber gänzlich ohne Erfolg blieb, beruhte darauf, dass ich den Herrn Minister nicht zu verstehen schien, als er mir erklärte, ein Ballett im ersten Akte zähle für gar keines, weil diejenigen habitués, denen bei einem Opernabende einzig am Ballett es liege, neuerer Zeit erst um 8 Uhr dinierten und somit erst gegen 10 Uhr, also um die Mitte der Opernaufführung, das Theater zu besuchen gewohnt seien.

Nun ist im zweiten Akt des „Tannhäuser" eine Ballettsequenz unmöglich. Zudem war Richard Wagner ohnehin kein Freund des Balletts.

Die Entwicklungsgeschichte des Werkes hat dazu geführt, dass es im Wesentlichen drei Versionen gibt: eine Dresdner und eine Pariser Fassung und als der „Tannhäuser" später in Wien aufgeführt wurde, entstand eine weitere Fassung.

Bei den gängigen Audio- und Videoaufnahmen ist es zum Teil schwierig herauszufinden, um welche Fassung es sich handelt und eine gültige Einspielung der Wiener Fassung steht bisher noch aus.

Richard Wagner hat sich stets von Geschichten und Sagen inspirieren lassen. Von „Der Fliegende Holländer" bis zu „Parsifal" waren die historischen, mythischen oder literarischen Quellen stets der geistige Ausgangspunkt, jedoch nicht die inhaltliche Aussage. Dies macht deutlich, dass Ort, Personen und Ereignisse der Tannhäuser Geschichte den Rahmen darstellten, aus dem er etwas Neues erschuf. Stets hat er die Quellen seiner künstlerischen Arbeit verändert und seinen Intentionen angepasst.

- Elisabeth wurde im Kindesalter auf die Wartburg gebracht, weil sie dem Sohn des Landgrafen Hermann, dem späteren Ludwig IV., „versprochen" war. Sie führte ein außerordentlich religiöses Leben und wurde später heiliggesprochen. Es gibt keine Übereinstimmung einer Liebe zu einem Minnesänger.
- Tannhäuser war zwar Minnesänger, aber er war nicht beim Sängerkrieg auf der Wartburg anwesend.
- Landgraf Herrmann ist nicht der Oheim von Elisabeth.

- Der „Venusberg" ist der Hörselberg, das bedeutet, man höre die verlorenen Seelen aus dem Berg rufen.
- Einzige Übereinstimmung zwischen historischer Überlieferung und Handlung der Oper ist die „Heiligkeit" der Elisabeth.

Dies zeigt, dass Richard Wagner durch die Auswahl der Personen, deren Verhältnis zueinander und der Wartburg als Ort eine geistige Situation beschreiben will. Die historischen Personen, deren Geschichte und seelische Prozesse, bilden den Rahmen und erschaffen durch ihre Interaktion einen neuen Inhalt.

Tannhäuser ist ein hoch geachteter „Sänger", mit einer besonderen Ausstrahlung und Wirkung auf Elisabeth. Bevor er das erste Mal (vor Beginn der Oper) im Streit die Wartburg verlassen hat, gab es eine innige, aber nur geistige Beziehung zu Elisabeth. Diese war in ihrer Art so besonders, dass Elisabeth durch den Weggang Tannhäusers wie gelähmt wurde und sie sich von dem Leben auf der

Wartburg völlig zurückgezogen hat. Der Grund des Streites, vermutlich auch im Rahmen eines Sängerfestes, ist nicht bekannt. Danach befand er sich im Venusberg.

Tannhäuser ist ein hochemotionaler Mensch mit wenig Spielraum, er kann nur das eine oder das andere, aber das immer mit voller Hingabe und ohne Rücksicht auf sich selbst und andere. Dadurch verfügt er über wenig Selbstreflexion, er denkt über eine Situation nach, wenn es zu spät ist. Er verfügt über eine geringe Widerstandsfähigkeit gegenüber Verlockungen und folgt dem, was ihn begeistert, sei es im Venusberg oder bei seiner Rückkehr auf die Wartburg.

Die offene Frage ist, wie Tannhäuser das erste Mal in den Venusberg gelangt ist: wollte er dorthin, hat er ihn gesucht, oder wurde er von Venus verführt. Er verfügt nicht über Willenskraft zu widerstehen und kann sich nicht selbst aus einer Situation befreien. Den Venusberg kann er durch die Anrufung Marias verlassen und seine Erlösung wird durch die Bitte von Elisabeth mit Marias Gnade erreicht.

Tannhäuser ist ein Mensch, dessen Aufgabe es im Leben ist, zu lernen seine Gefühle zu beherrschen. Im Sängerkrieg verurteilt und verspottet er die anderen Sänger aus seinen Emotionen heraus, nicht aus einem reflektieren, kritischen, begründenden Bewusstsein.

Die fehlende emotionale Kontrolle, führt zu einem ständigen Konflikt mit seiner Umwelt. Deswegen kann er immer nur aus der Situation flüchten, bis es sich schließlich im Sängerkrieg so zuspitzt, dass eine Flucht nicht mehr möglich ist.

Tannhäuser ist ein von Emotionen getriebenes Genie, dem noch die geistigen Kräfte fehlen, durch seine Schaffenskraft „Bleibendes" zu formen und zu erhalten.

Wolfram stellt menschlich und geistig das Gegenteil dar. Sein „Lied an den Abendstern" im dritten Akt ist die Vollendung seiner Kunst, erschaffen aus einer tiefen und reinen Liebe zu Elisabeth und eines umfassenden Verständnisses für die Geheimnisse des Menschentums. Unter allen Minnesängern ist er der erhabenste, würdigste, der die Kunst des

Minnegesangs nicht nur in seiner Form, sondern auch im geistigen Ausdruck vollendet hat. Zu Recht ist er der Größte seiner Zeit. In der Oper hat er die Aufgabe, Tannhäuser zu helfen, den Weg für dessen Entwicklung zu öffnen. Doch tragischerweise erkennt Tannhäuser dies nicht.

Zwei Mal spricht Wolfram den Namen „Elisabeth" aus, und beide Male rettet dies Tannhäuser: im ersten Akt auf der irdischen Ebene, denn nur durch die Rückkehr auf die Wartburg hat er die Chance einer Entwicklung; im dritten Akt auf der geistigen Ebene, indem er Tannhäuser von der Rückkehr in den Venusberg abhält.

Das Besondere an Wolfram ist, dass er geistige Zusammenhänge erkennt. Dies ist eine Fähigkeit, die nur Menschen mit großer Selbstlosigkeit zuteil wird. Man könnte vermuten, Wolfram ist ein zu vergeistigter Mensch, der durch die Perfektion seiner Kunst alles menschlich Emotionale hinter sich gelassen hat und für echte Liebe zu einem anderen Menschen unfähig scheint. Doch das ist weit gefehlt.

Zu Beginn des dritten Aktes, wenn er Elisabeth im Gebet versunken und die Rückkehr der Pilger erwartend, findet, ist er voller Mitgefühl und fähig, seine eigene Liebe zu Elisabeth zurückzustellen. Jetzt wird die seelische Intensität seiner Liebe für einen kurzen Moment deutlich: Er sieht, dass Elisabeth nun ihren Opfergang für Tannhäuser antreten wird und fragt, ob er sie geleiten dürfe, was sie jedoch ablehnt. Wolfram liebt Elisabeth, die sich aus Liebe zu einem anderen opfert und er lässt sie los, damit sie diesen anderen erlösen kann.

Als Tannhäuser zurückkehrt, sieht Wolfram in ihm nicht den Konkurrenten, an den er Elisabeth verloren hat, sondern hilft ihm aus Liebe zu Elisabeth auf der irdischen Ebene, so dass diese auf der geistigen Ebene ihr Erlösungswerk vollbringen kann.

Diese seelische Leistung ist eine Liebe, die jenseits eines rein körperlichen Begehrens steht und zeigt, dass der Minnegesang von Wolfram keine lebens und liebesfeindliche Haltung ist, sondern sehr wohl ihren realen Ausdruck im menschlich-irdischen findet.

Tannhäuser und Wolfram sind die Schalen einer Waage, die nach Ausgleich streben. Dies drückt sich darin aus, dass beide die „Venus" besingen. Tannhäuser befindet sich in Abhängigkeit zur erotisch-lustvollen Liebe der Venus. Doch der Planet Venus wird auch Abendstern genannt. So drückt Wolfram im „Lied an den Abendstern", seine Liebe zu Venus aus. Hinter der Venus von Tannhäuser und Venus von Wolfram steht für beide unerreichbar Elisabeth.

So hat Richard Wagner auf wunderbare Weise die Schicksale von Tannhäuser, Elisabeth und Wolfram miteinander verwoben.

Landgraf Hermann scheint eine Randfigur des Geschehens zu sein. Doch er ist derjenige, der alles möglich macht. Einerseits als Hüter und Herrscher auf der Wartburg, andererseits ist er es, der die Aufgabe für das Sängerfest stellt und damit den Raum für die folgenden Entwicklungen schafft.

Hermann verfügt in Bezug auf Tannhäuser über einen klaren Blick, denn er sieht dessen Wirkung auf Elisabeth. Am Ende des ersten Aktes sagt Hermann über Tannhäuser, dass jener einen Zauber auf Elisabeth ausübe, den er zu lösen habe und Gott ihm Tugend verleihen möge, dies zu tun.

Hermann ist als Landgraf nicht nur der Herr auf der Wartburg, sondern auch des umgebenden Landes und damit auch des Hörselberges (Venusberg). Daher ist für ihn der Schluss möglich, dass Tannhäuser im Venusberg war.

Auch Hermann liebt Elisabeth, aber auf andere Art als Tannhäuser und Wolfram. Es ist eine väterliche, schützende Liebe, die nie versucht zu beeinflussen. Gleichzeitig ist er sich der hohen geistigen Entwicklung Elisabeths bewusst und erkennt sie als höhere Autorität gegenüber seiner weltlichen Macht an. Er kann und darf Tannhäuser als Hüter und Schützer des Ortes, an dem der Minnegesang gepflegt wird, nicht vergeben und müsste ihn strafen, doch unterwirft er sich der höheren Macht, die durch Elisabeth wirkt. Anders als Wolfram hat auch Hermann eine klare Sicht auf geistige Prozesse und Mächte.

Venus ist als Persönlichkeit eine permanent im Hintergrund wirkende Kraft. Als Charakter hat sie weder Vergangenheit noch Zukunft, sondern löst durch ihre Existenz Prozesse aus. In Tannhäuser erweckt sie Triebe, Lüste und Süchte. In der Gemeinschaft der Minnesänger symbolisiert sie die Versuchung, die den Menschen von seinem geistigen Weg abbringen will.

Sie spaltet die Gesellschaft in diejenigen, die bei ihr geweilt haben, die anderen, die sie nicht kennen, aber um ihre Wirkungen wissen und in dritte, die sich zu ihr hingezogen fühlen. Die Versuchung durch das Böse gibt dem Menschen die Möglichkeit, sich zu entwickeln, denn nur so kann Erlösung möglich werden.

Elisabeth ist die einzige in dieser Zeit und in dieser Gesellschaft, die bereits in der Lage ist, eine andere, dritte Ausdrucksform der Liebe zu leben. Sie liebt Tannhäuser, doch ist sie mit der geistigen Kultur des Minnegesangs fest verbunden. Da Tannhäuser letztendlich Liebe nur als körperliches Erleben verstehen kann, ist eine Liebeszieung zwischen ihnen unmöglich.

Auch eine Liebesbeziehung mit Wolfram, der die Liebe ausschließlich in geistigen Höhen erkennt, ist nicht vorstellbar, denn Elisabeth zeigt sich dem irdischen körperlichen Ausdruck von Liebe sehr wohl hingewandt, doch nie in der Begierde der Venus.

Dies wird in dem ausdruckstarken Gespräch mit Tannhäuser zu Beginn des zweiten Aktes deutlich, als sie gemeinsam den Gott der Liebe preisen. Auch die „Hallen-Arie", in der Elisabeth die lange gemiedene *teure Halle* der Minnesänger in Erwartung von Tannhäusers Rückkehr bejubelt, ist Ausdruck eines sinnlichen Erlebens, das Wiedererwachen ihrer großen Liebe zu Tannhäuser. Elisabeth ist die einzige, die körperliche Liebe und geistige Liebe in einer Beziehung in Einklang bringen könnte. Doch ihr fehlt das Pendant dazu.

Gleichzeitig ist Elisabeth zur Empfindung einer ganz anderen Form von Liebe fähig, die als gelebte Tat in dieser Gesellschaft noch nicht gegenwärtig ist, es ist die Christus Liebe, die allumfassende Liebe, die Vergebung möglich macht. Als sie um Tannhäusers Leben bittet, erfolgt dies mit einer kraftvollen

Autorität, die dem Landgrafen und allen anderen das Recht zu richten abspricht: *Nicht ihr seid seine Richter!*

Dies ist ein unerhörter Affront: Eine Frau spricht der herrschenden Gesellschaft das Recht zur richten ab. Doch wird ihre Reinheit und geistige Größe von allen anerkannt und akzeptiert. Sie führt eine völlig neue Kategorie ein: Den Anspruch, dass Christus, der Erlöser für die Schuld aller Menschen gestorben ist, und jeder Mensch durch Buße, im Sinne von Erkennen und Wiedergutmachen, die Möglichkeit der Erlösung hat.

Elisabeth hat in der Oper eine rein geistige Aufgabe. Ihre Intervention ermöglicht seelische Entwicklung für alle Beteiligten. Dies bedeutet nicht, dass Tannhäuser einer irdischen Strafe entgeht: Er wird von der Gesellschaft ausgestoßen und zur Pilgerfahrt verpflichtet. Als er offenbart, dass er im Venusberg geweilt hat und die Situation eskaliert, verlassen die „Edelfrauen" das Geschehen. In diesem Moment ist außer Elisabeth keine Frau mehr auf der Bühne, es ist eine reine Männergesellschaft, der Elisabeth alleine gegenübersteht.

Die Kraft der Liebe und der Transformation durch das Weibliche wird so hervorgehoben. Elisabeth verfügt durch ihre Liebe zu Tannhäuser über den Mut, die Liebe und Erlösungskraft des Christus einer Gesellschaft, die auf Strafe eines Frevels sinnt, entgegenzustellen. Ihre geistige Autorität ist unanfechtbar, ihre seelische Reinheit glaubwürdig. Das Wagnis gelingt.

In der Oper „Tannhäuser" nimmt der Besucher gleichsam an einem Schauspiel teil, das dem geistig offenen Betrachter seine eigene seelische Entwicklung ermöglicht. Das Thema ist die Liebe im Spannungsfeld zwischen körperlicher Lust und geistiger Hingabe. Die Aufgabenstellung lautet: Wie kann die Liebe zwischen zwei Menschen auf körperlicher und seelischer Ebene in Einklang und Balance gebracht werden

Es wird ein Entwicklungsprozess dargestellt, der jedoch scheitert. Tannhäuser wird durch Gnade erlöst, denn er hat die notwendige Entwicklung zur Lösung seiner Aufgabe nicht aus eigener Kraft geschafft.

Landgraf Herrmann, Tannhäuser, Venus, Wolfram und Elisabeth bilden als Personen den Rahmen. Deswegen hat Richard Wagner immer wieder darauf hingewiesen, dass der „Tannhäuser" nur aus seiner dramaturgischen Gesamtheit, bestehend aus Musik, Wort, Bühnenbild und schauspielerischer Leistung, verstanden und dargestellt werden kann.

Der Landgraf symbolisiert die äußere Form, stellt die Aufgabe für das Sängerfest und ist der Herr der Wartburg. Tannhäuser ist der Initiant, derjenige der eine seelische Entwicklung erfahren soll, Wolfram ist sein geistiger Begleiter auf diesem Weg. Elisabeth ist der Ausdruck und das Symbol der geistigen Entwicklung, die erreicht werden soll. Die Wartburg ist der Ort des Geschehens. Durch den Eklat während des Sängerfestes wird der „Venusberg" im Bewusstsein der Anwesenden lebendig.

In „Tannhäuser" prallen Begierde, Liebe und Religion „ungebremst" aufeinander. Aber diese Oper ist auch ein Werk über die Kraft der Jungfrau Maria. Mit ihrer Hilfe kann Tannhäuser den Venusberg verlassen und durch Elisabeth Erlösung erlangen. Das Spannende ist, dass Maria aus aller

Religiosität herausgehoben ist und als eine erlösende Kraft, die allen Menschen zur Verfügung steht und keiner kirchlichen Autorität bedarf, dargestellt ist.

Elisabeth ist das Vorbild und die Wegbereiterin eines Erlösungsgedankens, der in der geistigen Entwicklungs- und Schöpferkraft des Menschen liegt. Dem steht die kirchliche Autorität entgegen, dargestellt durch die Pilgerchöre und die „Rom-Erzählung". Auch hier zeigt sich eine Parallele: um Erlösung zu erlangen muss man sich auf den Weg machen. Tannhäuser als Pilger nach Rom und Elisabeth, dargestellt durch ihren Opfertod.

Der Erlösungsthematik steht das Thema der sinnlichen, erotischen Lust entgegen. Musik und Text drücken eine ungestüme und zügellose Leidenschaft aus. Das Gefährliche an der Gestalt der Venus ist jedoch nicht nur der Ausdruck ihrer Sinnlichkeit, sondern auch die Kraft der sexuellen Manipulation und Abhängigkeit, die sie zu erzeugen vermag. Es sind wahrlich mächtige Sogkräfte, die von ihr ausgehen. Die Anrufung von Maria und die Gegenwart Wolframs retten Tannhäuser vor der sinnlichen Macht der Venus. Manipulierende

Sexualität, Religion als Autorität und die Kraft der Liebe für die Erlösung des Menschen – das sind die großen Themen im „Tannhäuser".

Die Oper beinhaltet zwei Menschheitsfragen:

Dein Engel fleht für dich an Gottes Thron

Wie ist Erlösung durch die Kraft der Liebe zwischen zwei Menschen möglich?

Dass auch für ihn einst der Erlöser litt

Wie kann der Impuls des Christus Opfers von Golgatha sich in der Seele des Menschen entfalten, dass für ihn selbst und andere Erlösung möglich ist?

Das Faszinierende an „Tannhäuser" ist, dass diese Oper bereits den Keim für „Tristan und Isolde" und „Parsifal" enthält. Diese beiden Werke tragen das Thema Reinkarnation in sich, mit dem Richard Wagner sich bereits in jungen Jahren intensiv beschäftigt hat.

Zu Beginn des zweiten Aktes, nach der „Hallen-Arie" gibt es einen besonderen Moment. Wolfram geleitet Tannhäuser zu Elisabeth und ermöglicht somit das Wiedersehen und die Versöhnung.

Er beobachtet ihr Gespräch und als er sieht, dass sich Elisabeth erneut für Tannhäuser entscheidet, zieht er sich erschüttert zurück:

So flieht für dieses Leben, mir jeder Hoffnung Schein!

Dies zeigt, dass Wolfram Elisabeth ebenfalls liebt, jedoch erkennen muss, dass er *für dieses Leben* keine Möglichkeit hat, von ihr erhört zu werden. Wolfram sieht sein Leben mit einem „karmischen Blick". Er ist sich bewusst, dass es durch Reinkarnation karmische Herausforderungen und Aufgaben gibt. In diesem Leben drückt sich seine Liebe zu Elisabeth dadurch aus, dass er für Elisabeth und Tannhäuser wirken soll.

Wolfram betrachtet die Begegnung zwischen Tannhäuser, Elisabeth und sich selbst aus der Sicht von vergangenem, gegenwärtigem und zukünftigem Leben. Es ist eine Konstellation dreier Menschen, die sich in vielen Leben immer wieder begegnet sind, um seelische Entwicklungsaufgaben zu lösen.

Die große menschliche Leistung Wolframs in diesem Leben ist der Verzicht auf Elisabeth. Aber nicht nur das, er geht noch einen Schritt weiter, er verzichtet nicht nur auf Elisabeth, er ermöglicht die seelische Entwicklung der beiden. Seine karmische Aufgabe ist nicht nur die Begegnung der beiden, sondern deren geistig-seelische Entwicklung.

Es ist nur schwer rekonstruierbar in welcher Fassung diese Stelle zuerst auftritt. Sie ist in vielen Textausgaben zu finden, nicht jedoch in allen Partitur Ausgaben. Die früheste Quelle ist ein Klavierauszug der Dresdner Fassung von 1845, dem Jahr der Uraufführung.

Die Frage ist, welcher Blickwinkel sich dadurch auf das Verständnis der gesamten Oper eröffnet. Hier gelangt man in das Feld der Vermutungen. Richard Wagner hat in seiner Schrift über die Ausführung der Oper zu vielen Details Stellung genommen. Ein Bezug zu dieser Stelle fehlt.

Das Thema Reinkarnation und Karma zieht sich jedoch durch das Werk Richard Wagners vom „Tannhäuser" bis zum „Parsifal". Im ersten Akt des „Parsifal" erzählt der Gralsritter *Gurnemanz* über das Karma von Kundry, die Christus am Kreuz verlachte, noch immer nach Erlösung sucht und jetzt durch ihre erotische Macht den Gralsrittern noch immer Schaden zufügt:

zu büßen Schuld aus früh'rem Leben,

die dorten ihr noch nicht vergeben.

Übt sie nun Buss in solchen Thaten,

die uns Ritterschaft zum Heil geraten,

gut tut sie dann und recht sicherlich,

dienet uns – und hilft auch sich.

Im zweiten Akt „Parsifal", als der Zauberer *Klingsor* Kundry erweckt und erneut unter seine Macht zwingt, um Parsifal zu verführen, erfolgt dies durch die Nennung der Namen aus Kundry´s früheren Leben.

Herauf! herauf! zu mir!

Dein Meister ruft dich Namenlose,

Urteufelin, Höllenrose!

Herodias war'st du, und was noch?

Gundryggia dort, Kundry hier!

hieher! hieher denn, Kundry!

Dein Meister ruft: herauf!

Fast 40 Jahre liegen zwischen „Tannhäuser" und „Parsifal". Für Richard Wagner war Reinkarnation eine geistige Realität, die ihn durch sein Leben begleitet hat. Im „Tannhäuser" findet sich ein erster Anklang der Thematik, im „Parsifal" findet sie ihre Vollendung.

Die karmische Verbindung zwischen Tannhäuser, Elisabeth und Wolfram findet ihren Höhepunkt, als die Situation im Sängerkrieg eskaliert. Jetzt bricht die karmische Konstellation auf und es wird seelische Entwicklung für alle drei möglich: Tannhäuser durch Buße, Elisabeth durch Hingabe, Wolfram durch Verzicht.

In seiner Schrift über die Aufführungspraxis des „Tannhäuser" beschreibt er den Moment, als sich Tannhäuser zum Venusberg bekannt hat und er dann zusammenbricht, als die entscheidende Stelle des Werkes. Dies war ihm so wichtig, dass er viele Jahre später in „Mein Leben" nochmals darauf hinwies. Zum karmischen Aspekt äußert er sich allerdings auch in diesem Zusammenhang nicht.

Es ist der Moment der Lebensgefahr, als die Gesellschaft der Wartburg ihn töten will und

Elisabeth einschreitet und den Leidenstod Christi als Möglichkeit für Tannhäusers Erlösung anführt.

Jetzt erkennt Tannhäuser, wer Elisabeth für ihn wirklich ist.

Zum Heil den Sündigen zu führen,

die Gott-Gesandte nahte mir:

doch, ach! sie frevelnd zu berühren

hob ich den Lästerblick zu ihr!

O du, hoch über diesen Erdengründen,

die mir den Engel meines Heils gesandt,

erbarm dich mein, der ach! so tief in Sünden

schmachvoll des Himmels Mittlerin verkannt!

Dieser niederschmetternde Moment soll beim Zuschauer ein tiefes Mitgefühl entstehen lassen und in ihm eine Veränderung bewirken. Seelische Entwicklung entsteht durch Mitleid.

In seinen Ausführungen schreibt Richard Wagner zu dieser Szene:

Diese Worte, mit dem ihnen verliehenen Ausdruck und in dieser Situation, enthalten den Nerv der ganzen ferneren Tannhäuser Existenz, die Achse seiner Erscheinung, und ohne den durch sie hier, an diesem Orte, beabsichtigten Eindruck mit voller Gewissheit empfangen zu haben, sind wir gar nicht imstande, ein weiteres Interesse an dem Helden des Dramas zu bewahren. Wenn wir hier nicht endlich zum tiefsten Mitleiden mit Tannhäuser gestimmt werden, ist das übrige Drama ohne Zusammenhang und Notwendigkeit in seinem Verlaufe, und alle bis dahin angeregten Erwartungen bleiben unbefriedigt; selbst die Erzählung Tannhäusers von seinem Leiden im dritten Akte kann uns nicht mehr für den verlorenen Eindruck entschädigen; denn die volle beabsichtigte Wirkung kann die Erzählung wiederum nur dann machen, wenn sie für unsere Erinnerung sich auf diesen ersten, entscheidenden Eindruck wieder bezieht.

Richard Wagner versucht im „Tannhäuser" das Thema Erlösung auf der emotionalen Ebene darzustellen. Durch die Konstellation Wolfram – Elisabeth – Tannhäuser schafft er den Raum für Emotionen. Durch die seelische Erschütterung soll ein Prozess im Zuschauer ausgelöst werden.

Erst im Parsifal wird er die beiden Aspekte „Mitgefühl" und „Erkenntnis" in der Formulierung *durch Mitleid wissend* vereinen und damit ein neues Verständnis von Erlösung erreichen.

Was mit „Tannhäuser" auf der Wartburg begann, findet im „Parsifal" seine Erfüllung. Daher ist die

Wartburg als Ort der Handlung eng mit der geistigen Entwicklung Richard Wagners verbunden.

Die Wartburg hat einen besonderen Platz in der deutschen Geistesgeschichte: Minnegesang und Sängerkrieg, Zuflucht Martin Luthers, Ort der ersten Bibelübersetzung und das Wartburgfest.

Diese Ereignisse spiegeln sich in Richard Wagners Leben und seelischer Entwicklung wider.

- Das Streben nach reiner Liebe, die zur Erlösung führt.

- Glaube und Vertrauen in „Höheres", in eine geistige Welt, in Gott. Luthers zentrale Frage war „Wie erlange ich einen gnädigen Gott". Richard Wagner fühlte und handelte aus der tiefen Überzeugung, dass ein gnädiger Gott existiert, dem sich der Mensch würdig erweisen muss. Dies drückt er am Ende des „Tannhäuser" im Chor der jüngeren Pilger aus:

Hoch über aller Welt ist Gott,
und sein Erbarmen ist kein Spott!

- Die lebenslange Suche nach geistiger und politischer Freiheit, die ihn 1848/49 in die Aufstände in Dresden verwickelte und schließlich ins Exil zwang.

In „Der Fliegende Holländer" erarbeitet sich Richard Wagner das Thema Erlösung *ahnend*, im „Tannhäuser" *suchend*, im „Parsifal" *wissend*. Der seelische Schlüssel für diese Entwicklung findet sich in „Tristan und Isolde".

Die Liebe zwischen Tannhäuser und Elisabeth

Das zentrale Thema der Oper ist die Liebe zwischen Elisabeth und Tannhäuser. Sie haben keine Beziehung oder Ehe, aber das versöhnende Gespräch zwischen ihnen zu Beginn des zweiten Aktes deutet auf seelische Gemeinsamkeiten hin.

Gleichzeitig spricht Landgraf Hermann zweimal von einem Zauber, den Tannhäuser auf Elisabeth ausübt.

Im ersten Akt zu Tannhäuser...

Nenn ihm den Zauber, den er ausgeübt, -
und Gott verleih ihm Tugend,
dass würdig er ihn löse!

...und im zweiten zu Elisabeth

der Zauber bleibe ungebrochen
bis du der Lösung mächtig bist.

Es bleibt offen, welche Art von Zauber Tannhäuser auf Elisabeth ausübt. Es deutet nichts darauf hin, dass Elisabeth von Tannhäuser abhängig ist, denn im Gespräch tritt sie ihm selbstbewusst entgegen.

Tannhäuser hingegen ist sich seines Vergehens bewusst und hofft auf Vergebung und Versöhnung mit Elisabeth.

Tannhäuser und Elisabeth, das ist die Geschichte zweier Menschen, die für einander geschaffen sind, aber den Weg zueinander nicht finden. Es gibt für sie keine Mitte, in der sie sich treffen können.

Es ist die Liebe zweier Menschen die innerlich zueinanderstreben und sich äußerlich immer mehr voneinander entfernen. Tannhäuser ist nicht in der Lage, die Erfahrungen aus dem Venusberg in seinem Gefühlsleben zu kontrollieren. Elisabeth hingegen hat einen hohen geistigen Anspruch, den er noch nicht erfüllen kann.

In der Liebe nach Gemeinsamkeiten zu suchen ist die schöne, aber auch bequeme Form. Etwas anderes ist es, Gegensätze durch Liebe zu überbrücken und gerade wegen der Gegensätze zu einer Einheit zu werden. Je stärker es Tannhäuser zum Venusberg zurückzieht, umso höher kann Elisabeth in der geistigen Welt steigen. Aber es gilt auch umgekehrt: Nur weil Tannhäuser nach dem

Venusberg-Erlebnis keine Vergebung in Rom gefunden hat, kann sich Elisabeth entwickeln.

Als Tannhäuser die Wartburg Gesellschaft brüskiert und Elisabeth tief verletzt, ist sie trotz der Schmach, die sie in diesem Moment erfahren hat, die einzige, die ihn nicht verurteilt. Im Gegenteil:

durch ihre Liebe erkennt sie die Möglichkeit der seelischen Entwicklung für ihn.

durch den Moment der größten Verletzung entsteht ihre bedingungslose Liebe zu ihm.

Dies ist der Zauber zwischen ihnen und wird im dritten Akt durch die Kraft des Glaubens gelöst.

Glaube ist ein Thema, dem man sich rational nicht nähern kann. Es gibt zwei Möglichkeiten zu glauben: Der Mensch hat etwas nicht Erklärbares erlebt und kann es durch seine Erfahrung für sich bezeugen. Das bedeutet nicht, dass dieses Erlebnis für andere real oder nachvollziehbar sein muss. Oder der Mensch trägt eine tiefe innere Überzeugung in sich, dass Ereignisse oder Erlebnisse möglich sind, die weder erklärbar noch begründbar ist sind. Diese muss er nicht unbedingt selbst erfahren haben, um daran zu glauben.

Die Oper folgt bis Mitte des zweiten Aktes einem Handlungsstrang von Ereignissen. Im dritten Akt sind es die inneren Entwicklungen der Personen, die im Vordergrund stehen: Das Gebet der Elisabeth, Wolfram´s „Lied an den Abendstern", Tannhäuser´s „Rom-Erzählung" und der Moment der Erlösung.

Allwina Frommann entstammte einer Buchdrucker Familie aus Jena und lebte den größten Teil ihres Lebens in Berlin und hatte als Künstlerin dort Zugang zur Preußischen Kornprinzessin Augusta. In Berlin traf sie häufig Richard Wagner und war mit seiner Frau Minna gut befreundet. Anlässlich der Uraufführung der Oper war sie eine Woche Gast bei ihnen in Dresden. Als „Tannhäuser" in Berlin aufgeführt wurde, traf sie Richard Wagner und war auch bei den Proben sehr nah am Geschehen.

In einem Brief berichtet sie:

Vor dem letzten Ackt sagte mir ein fremder Violoncellist neben mir (…): Das ist keine Oper, das ist Kirche.

Der dritte Akt Tannhäuser ist eine „heilige Handlung" und was dabei geschieht ist nicht mit dem Verstand zu begreifen, zu erklären und zu beschreiben, sondern nur durch Glauben.

Die „heilige Handlung" entsteht durch Elisabeths Entscheidung, bei Maria für Tannhäuser Vergebung zu erhalten.

Diese Handlung von Elisabeth geistig zu erfassen ist eine große Herausforderung. Rein äußerlich und logisch gesehen stirbt sie. Doch wie stirbt sie? Es ist weder ein plötzlich eintretender Tod noch ein selbst herbeigeführtes Ende. Sie stirbt durch ihren Willen, für Tannhäuser im Geistigen Vergebung zu erwirken.

Richard Wagner hat diesen Prozess in Text, Musik und Regieanweisungen dargestellt.

Tannhäuser kehrt nicht zurück. Dann folgt das Gebet der Elisabeth um Reinheit und Vergebung und ihr Tod verbunden mit der ausführlichen Regieanweisung, dass sie ihren letzten Weg alleine und im vollen Bewusstsein über die Bedeutung ihrer Tat gehen muss.

Die Seele von Elisabeth löst sich aus ihrem Körper, der als Leichnam zurückbleibt, und beginnt ihren Weg in der geistigen Welt. Sie sucht Maria und gelangt zu Gottes Thron, wo Vergebung für Tannhäuser gewährt wird.

Das geistige Ereignis, dass sie vor Gottes Thron Vergebung für Tannhäuser erhält, spricht Wolfram aus:

Dein Engel fleht für dich an Gottes Thron, -
er wird erhört! Heinrich, du bist erlöst!

Zwei Zeilen mit immenser geistiger Bedeutung. Wie lässt sich das erklären? Überhaupt nicht.

Natürlich kann man das Ganze als Märchen, Mythos, Sage oder Metapher bezeichnen. Die Vorgänge, die beschrieben sind, wird man dadurch aber auch nicht verstehen.

Elisabeths Erlösungsweg für Tannhäuser ist möglich und kann im Menschen zur seelischen Realität werden. Dies lässt sich im dritten Akt auf bewegende Weise erleben.

Solange Elisabeth im Irdischen weilt, bezieht sich der Glaube an Erlösung auf Maria. Durch ihre Suche nach Maria im Geistigen gelangt sie zu Gott und dieses Gotteserlebnis zeigt sich wiederum im Irdischen durch das Wunder, dass der Stab des Papstes frisches Grün trägt.

Wenn Glaube und Liebe zur Einheit werden, ist Erlösung möglich. Die Liebe ist die treibende Kraft. Gerade weil Tannhäuser und Elisabeth in ihrem irdischen Verständnis von Liebe so weit voneinander entfernt sind, ist durch ihre Liebe im Geistigen Erlösung möglich.

Wer fähig ist, bedingungslos zu lieben, findet durch Glauben den Weg zur Erlösung. Dies drückt die Liebe zwischen Tannhäuser und Elisabeth aus.

Dank

Mein inniger Dank gilt meinen Eltern Helga und Hanskarl, die mir meine lebenslange Verbindung mit Richard Wagner geschenkt haben. Auch mein zweites Buch über eine Oper von Richard Wagner haben sie wieder mit viel Zeit, Liebe, Mühe, geistigen Anregungen und wertvoller Kritik begleitet.

Mit meiner Frau Isabelle gehe ich nun im zweiten Jahrzehnt durch das Leben. Durch unsere gemeinsamen Erfahrungen kann ich geistige Zusammenhänge erfassen, die mir einen tieferen Zugang zum Werk Richard Wagners ermöglichen. Danke von Herzen.

Ebenso von Herzen sage ich „Danke!" bei allen, die meine Arbeit unterstützen, mir Hinweise und Anregungen geben und mich immer wieder zur Fortsetzung meiner Arbeit ermutigen.

Über den Autor

Hubert K. Kölsch ist Seminarleiter, Autor und Coach. Wichtiges Anliegen seiner Arbeit ist es, verschiedene Bereiche des Lebens wie Naturwissenschaften, Kultur und Wirtschaft auf geistiger Ebene miteinander in Verbindung zu bringen.

Seit vielen Jahren ist er im Bereich der Jugend- und Erwachsenenbildung als Dozent tätig und bietet persönliches Coaching an.

Er hält Vorträge, Workshops, ist bekennender Opernliebhaber und veranstaltet Seminare mit Opernbesuch.

Seit 20 Jahren lebt er in München und ist in der Schweiz, Italien, Österreich und Deutschland auf Reisen. Er schreibt Belletristik, Sachbücher, pädagogische Fachbeiträge, Artikel, Essays und Kurzgeschichten.

www.hubert-koelsch.de

Bücher von Hubert K. Kölsch

Spirituell & erfolgreich. Praxisbuch für die Manifestation Ihres Erfolges. Schirner Verlag, 2011

Gott antwortet immer. Eine Parabel über Vertrauen. Books on Demand, 2012

Das M-Projekt. Ein spirituelles Abenteuer. Roman. Schirner Verlag, 2012

Grales Gnade. Eine Parabel über Vergebung. Books on Demand, 2013

Dio risponde sempre. Una parabola sulla fiducia. Anima Edizioni, 2013

Die Sprache Gottes. Ein spiritueller Weg zu Liebe und innerem Frieden. Books on Demand, 2014

Il Linguaggio di Dio. Un Cammino spirituale verso l`amore e la pace interiore. Anima Edizioni, 2015

Erinnerung. Das Wunder der Weihnacht. KOHA Verlag, 2015

Das Christus Erlebnis. Begegnung mit Rudolf Steiner. Books on Demand, 2016

Der Michaelische Mensch im Zeitalter der Digitalisierung.
Books on Demand, 2017

Lohengrin. Ein Weg zu Richard Wagners Gralsoper.
Books on Demand, 2018

****

Hubert Kölsch, Franz-Josef Wagner: *Erlebnis-pädagogik in der Natur.* Ein Praxisbuch für Einsteiger.
Reinhardt Verlag, 2004

Hubert Kölsch, Monika Pietsch: *Seil Settings.*
Teamtrainings erlebnisorientiert gestalten. Beltz
Verlag, 2012

****